this Recipie book belongs to

Recipie	Page number

Recipie   # Page number

Recipe for Banana nut Bread

SERVES - - - - - - -   RATING - - - - - - -

PREP TIME - - - - - - -   DIFFICULTY - - - - - - -

TOTAL TIME - - - - - - -   BEST SERVED - - - - - - -
                          WITH

OVEN TEMP - - - - - - -   - - - - - - -

Ingredients

2 cup flour   1/2 cup Walnuts
1 1/2 tsp Baking soda   1/0 cup Pecans
1/4 tsp Salt
2 tsp Cinnamon
1 tsp Vainilla
1 1/2 cup mashed Ripe Bananas (3/4 salted)
1 cup Sugar
1/2 cup Vegetable oil
3/2 tbsp milk
1 egg

Notes

You can Put Chocolate Chips

1

DIRECTIONS

A yummy Photo

Recipe for Mono guets

SERVES — — — — — —   RATING — — — — — —

PREP TIME — — — — — —   DIFFICULTY — — — — —

TOTAL TIME — — — — —   BEST SERVED — — — — —
                              WITH
OVEN TEMP — — — — —   — — — — —

Ingredients

1K Harina — — — — — — — — — —

100g Levadura Seca — — — — — — —

20 gramos Sal — — — — — — — —

1 cucharada Azucar — — — — — —

600ml agua tibia — — — — — —

— — — — — — — — — — —

— — — — — — — — — — —

— — — — — — — — — — —

Notes

— — — — — — — — — —

— — — — — — — — — —

— — — — — — — — — —

— — — — — — — — — —

3

DIRECTIONS

- juntar azúcar, 1/2 agua y levadura
- agregar a la harina, agregar sal
- y agregar de a poco la harina
- amasar 10 min. reposar masa tapada (10 min)

en un paño de tela colocar harina
hacer bollos de 100 grs y dejar cubiertos
juntar dos bollos alargados cubrir y reposar 10 min.
impregnar con aceite y poner una cuchara de
palo y dar la vuelta y ponerlos en el
paño Boca abajo y hacer pliegues con el
paño, cubrir con plástico
prender Horno 200°c
dar vuelta y hornear en lata con harina
poca orilla, y hornear con agua
o humedad por 20 a 25 minutos

A yummy Photo

Recipe for ~~Pica~~ Rosquitas Dani Diva

SERVES

PREP TIME

TOTAL TIME

OVEN TEMP

RATING

DIFFICULTY

BEST SERVED WITH

Ingredients

1 cuchara de mantequilla
1 tarro leche condensada
Harina con polvo de hornear hasta que la
masa no se pegue
rallado de un limon

Freir en bolitas

Notes

DIRECTIONS

A yummy Photo

Recipe for

SERVES	....	RATING	....
PREP TIME	....	DIFFICULTY	....
TOTAL TIME	....	BEST SERVED WITH	....
OVEN TEMP	....		....

Ingredients

....

....

....

....

....

....

....

....

Notes

....

....

....

....

DIRECTIONS

A yummy Photo

Recipe for

SERVES _____   RATING _____

PREP TIME _____   DIFFICULTY _____

TOTAL TIME _____   BEST SERVED _____
WITH
OVEN TEMP _____   _____

Ingredients

_____

_____

_____

_____

_____

_____

_____

_____

Notes

_____

_____

_____

_____

DIRECTIONS

A yummy Photo

Recipe for

SERVES _____   RATING _____

PREP TIME _____   DIFFICULTY _____

TOTAL TIME _____   BEST SERVED
                                      WITH _____

OVEN TEMP _____

Ingredients

_____

_____

_____

_____

_____

_____

_____

_____

Notes

_____

_____

_____

_____

DIRECTIONS

A yummy Photo

Recipe for

SERVES	....	RATING	....
PREP TIME	....	DIFFICULTY	....
TOTAL TIME	....	BEST SERVED WITH	....
OVEN TEMP	....		....

Ingredients

_____

_____

_____

_____

_____

_____

_____

_____

Notes

_____

_____

_____

_____

DIRECTIONS

A yummy Photo

Recipe for

SERVES		RATING	
PREP TIME		DIFFICULTY	
TOTAL TIME		BEST SERVED WITH	
OVEN TEMP			

Ingredients

Notes

DIRECTIONS

A yummy Photo

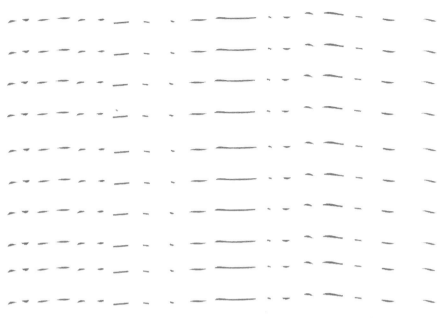

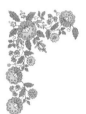

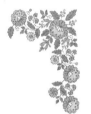

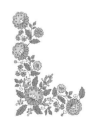

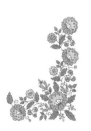

Recipe for

SERVES ⁓⁓⁓⁓⁓⁓ RATING ⁓⁓⁓⁓⁓

PREP TIME ⁓⁓⁓⁓⁓ DIFFICULTY ⁓⁓⁓⁓⁓

TOTAL TIME ⁓⁓⁓⁓⁓ BEST SERVED ⁓⁓⁓⁓⁓
WITH

OVEN TEMP ⁓⁓⁓⁓⁓ ⁓⁓⁓⁓⁓

Ingredients

Notes

17

DIRECTIONS

A yummy Photo

Recipe for

SERVES	_____	RATING	_____
PREP TIME	_____	DIFFICULTY	_____
TOTAL TIME	_____	BEST SERVED WITH	_____
OVEN TEMP	_____		_____

Ingredients

_____

_____

_____

_____

_____

_____

_____

_____

Notes

_____

_____

_____

_____

DIRECTIONS

A yummy Photo

Recipe for

SERVES _____   RATING _____

PREP TIME _____   DIFFICULTY _____

TOTAL TIME _____   BEST SERVED _____
                           WITH

OVEN TEMP _____

Ingredients

_____

_____

_____

_____

_____

_____

_____

_____

Notes

_____

_____

_____

_____

21

DIRECTIONS

A yummy Photo

Recipe for

SERVES ....   RATING ....

PREP TIME ....   DIFFICULTY ....

TOTAL TIME ....   BEST SERVED ....
                                       WITH

OVEN TEMP ....

Ingredients

....

....

....

....

....

....

....

....

Notes

....

....

....

....

DIRECTIONS

A yummy Photo

Recipe for

SERVES ....

RATING ....

PREP TIME ....

DIFFICULTY ....

TOTAL TIME ....

BEST SERVED WITH ....

OVEN TEMP ....

Ingredients

....

....

....

....

....

....

....

....

Notes

....

....

....

....

DIRECTIONS

A yummy Photo

Recipe for

SERVES _____

PREP TIME _____

TOTAL TIME _____

OVEN TEMP _____

RATING _____

DIFFICULTY _____

BEST SERVED WITH _____

Ingredients

_____

_____

_____

_____

_____

_____

_____

_____

Notes

_____

_____

_____

_____

DIRECTIONS

A yummy Photo

Recipe for

SERVES	_____	RATING	_____
PREP TIME	_____	DIFFICULTY	_____
TOTAL TIME	_____	BEST SERVED WITH	_____
OVEN TEMP	_____		

Ingredients

_____

_____

_____

_____

_____

_____

_____

_____

Notes

_____

_____

_____

_____

DIRECTIONS

A yummy Photo

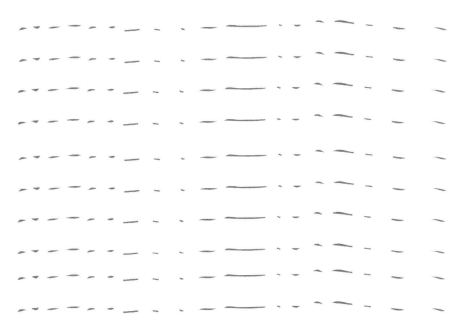

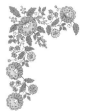

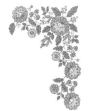

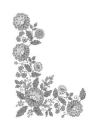

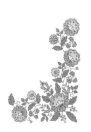

Recipe for

SERVES ....

PREP TIME ....

TOTAL TIME ....

OVEN TEMP ....

RATING ....

DIFFICULTY ....

BEST SERVED WITH ....

Ingredients

....

....

....

....

....

....

....

Notes

....

....

....

....

DIRECTIONS

A yummy Photo

Recipe for

SERVES		RATING	
PREP TIME		DIFFICULTY	
TOTAL TIME		BEST SERVED WITH	
OVEN TEMP			

Ingredients

Notes

DIRECTIONS

A yummy Photo

Recipe for

SERVES _____   RATING _____

PREP TIME _____   DIFFICULTY _____

TOTAL TIME _____   BEST SERVED
WITH
OVEN TEMP _____   _____

Ingredients

_____

_____

_____

_____

_____

_____

_____

_____

Notes

_____

_____

_____

_____

DIRECTIONS

A yummy Photo

Recipe for

SERVES _____   RATING _____

PREP TIME _____   DIFFICULTY _____

TOTAL TIME _____   BEST SERVED _____
OVEN TEMP _____   WITH

Ingredients

_____

_____

_____

_____

_____

_____

_____

_____

Notes

_____

_____

_____

_____

DIRECTIONS

A yummy Photo

Recipe for

SERVES		RATING	
PREP TIME		DIFFICULTY	
TOTAL TIME		BEST SERVED WITH	
OVEN TEMP			

Ingredients

Notes

DIRECTIONS

A yummy Photo

Recipe for

SERVES _____   RATING _____

PREP TIME _____   DIFFICULTY _____

TOTAL TIME _____   BEST SERVED
WITH _____

OVEN TEMP _____

Ingredients

_____

_____

_____

_____

_____

_____

_____

_____

Notes

_____

_____

_____

_____

DIRECTIONS

A yummy Photo

Recipe for

SERVES _____

PREP TIME _____

TOTAL TIME _____

OVEN TEMP _____

RATING _____

DIFFICULTY _____

BEST SERVED WITH _____

Ingredients

_____

_____

_____

_____

_____

_____

_____

_____

Notes

_____

_____

_____

_____

DIRECTIONS

A yummy Photo

Recipe for

SERVES	RATING
PREP TIME	DIFFICULTY
TOTAL TIME	BEST SERVED WITH
OVEN TEMP	

Ingredients

Notes

DIRECTIONS

A yummy Photo

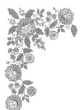

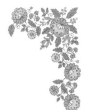

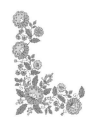

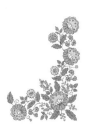

Recipe for

SERVES _____   RATING _____

PREP TIME _____   DIFFICULTY _____

TOTAL TIME _____   BEST SERVED _____
WITH

OVEN TEMP _____   _____

Ingredients

_____

_____

_____

_____

_____

_____

_____

_____

Notes

_____

_____

_____

_____

DIRECTIONS

A yummy Photo

Recipe for

SERVES _____   RATING _____

PREP TIME _____   DIFFICULTY _____

TOTAL TIME _____   BEST SERVED
WITH _____

OVEN TEMP _____

Ingredients

_____
_____
_____
_____
_____
_____
_____
_____

Notes

_____
_____
_____
_____

DIRECTIONS

A yummy Photo

Recipe for

SERVES		RATING	
PREP TIME		DIFFICULTY	
TOTAL TIME		BEST SERVED WITH	
OVEN TEMP			

Ingredients

Notes

DIRECTIONS

A yummy Photo

Recipe for

SERVES _____   RATING _____

PREP TIME _____   DIFFICULTY _____

TOTAL TIME _____   BEST SERVED
                             WITH _____

OVEN TEMP _____

Ingredients

_____

_____

_____

_____

_____

_____

_____

Notes

_____

_____

_____

_____

DIRECTIONS

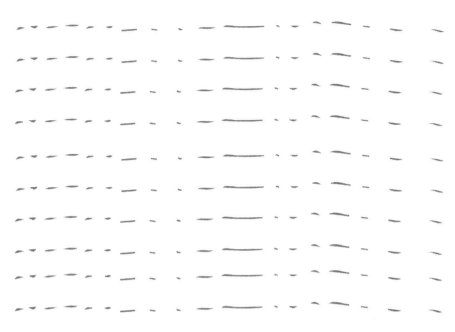

A yummy Photo

Recipe for

SERVES	....	RATING	....
PREP TIME	....	DIFFICULTY	....
TOTAL TIME	....	BEST SERVED WITH	....
OVEN TEMP	....		....

Ingredients

_____
_____
_____
_____
_____
_____
_____
_____

Notes

_____
_____
_____
_____

DIRECTIONS

A yummy Photo

Recipe for

SERVES _____   RATING _____

PREP TIME _____   DIFFICULTY _____

TOTAL TIME _____   BEST SERVED _____
WITH _____

OVEN TEMP _____

Ingredients

_____

_____

_____

_____

_____

_____

_____

_____

Notes

_____

_____

_____

_____

DIRECTIONS

A yummy Photo

Recipe for

SERVES ———————   RATING ———————

PREP TIME ———————   DIFFICULTY ———————

TOTAL TIME ———————   BEST SERVED ———————
                         WITH ———————
OVEN TEMP ———————

Ingredients

———————————————————————————

———————————————————————————

———————————————————————————

———————————————————————————

———————————————————————————

———————————————————————————

———————————————————————————

———————————————————————————

Notes

———————————————————————————

———————————————————————————

———————————————————————————

———————————————————————————

59

DIRECTIONS

A yummy Photo

Recipe for

SERVES _____   RATING _____

PREP TIME _____   DIFFICULTY _____

TOTAL TIME _____   BEST SERVED
                              WITH _____
OVEN TEMP _____

Ingredients

_____

_____

_____

_____

_____

_____

_____

_____

Notes

_____

_____

_____

_____

DIRECTIONS

A yummy Photo

Recipe for

SERVES ....   RATING ....

PREP TIME ....   DIFFICULTY ....

TOTAL TIME ....   BEST SERVED
WITH ....

OVEN TEMP ....

Ingredients

....

....

....

....

....

....

....

....

Notes

....

....

....

....

DIRECTIONS

A yummy Photo

Recipe for

SERVES	RATING
PREP TIME	DIFFICULTY
TOTAL TIME	BEST SERVED WITH
OVEN TEMP	

Ingredients

Notes

DIRECTIONS

A yummy Photo

Recipe for

SERVES _____   RATING _____

PREP TIME _____   DIFFICULTY _____

TOTAL TIME _____   BEST SERVED

OVEN TEMP _____   WITH _____

Ingredients

_____

_____

_____

_____

_____

_____

_____

_____

Notes

_____

_____

_____

_____

DIRECTIONS

A yummy Photo

Recipe for

SERVES ——————— RATING ———————

PREP TIME ——————— DIFFICULTY ———————

TOTAL TIME ——————— BEST SERVED ———————
WITH ———————

OVEN TEMP ———————

Ingredients

—————————————————————
—————————————————————
—————————————————————
—————————————————————
—————————————————————
—————————————————————
—————————————————————
—————————————————————

Notes

—————————————————————
—————————————————————
—————————————————————
—————————————————————

DIRECTIONS

A yummy Photo

Recipe for

SERVES _____   RATING _____

PREP TIME _____   DIFFICULTY _____

TOTAL TIME _____   BEST SERVED
WITH _____

OVEN TEMP _____   _____

Ingredients

_____

_____

_____

_____

_____

_____

_____

_____

Notes

_____

_____

_____

_____

DIRECTIONS

A yummy Photo

Recipe for

SERVES _____   RATING _____

PREP TIME _____   DIFFICULTY _____

TOTAL TIME _____   BEST SERVED _____
WITH

OVEN TEMP _____   _____

Ingredients

_____

_____

_____

_____

_____

_____

_____

_____

Notes

_____

_____

_____

_____

DIRECTIONS

A yummy Photo

Recipe for

SERVES _____   RATING _____

PREP TIME _____   DIFFICULTY _____

TOTAL TIME _____   BEST SERVED _____
                                    WITH
OVEN TEMP _____   _____

Ingredients

_____

_____

_____

_____

_____

_____

_____

_____

Notes

_____

_____

_____

_____

DIRECTIONS

A yummy Photo

Recipe for

SERVES	_____	RATING	_____
PREP TIME	_____	DIFFICULTY	_____
TOTAL TIME	_____	BEST SERVED WITH	_____
OVEN TEMP	_____		

Ingredients

_____

_____

_____

_____

_____

_____

_____

_____

_____

Notes

_____

_____

_____

_____

DIRECTIONS

A yummy Photo

Recipe for

SERVES		RATING	
PREP TIME		DIFFICULTY	
TOTAL TIME		BEST SERVED WITH	
OVEN TEMP			

Ingredients

Notes

DIRECTIONS

A yummy Photo

Recipe for

SERVES	_____	RATING	_____
PREP TIME	_____	DIFFICULTY	_____
TOTAL TIME	_____	BEST SERVED WITH	_____
OVEN TEMP	_____		_____

Ingredients

_____

_____

_____

_____

_____

_____

_____

_____

Notes

_____

_____

_____

_____

DIRECTIONS

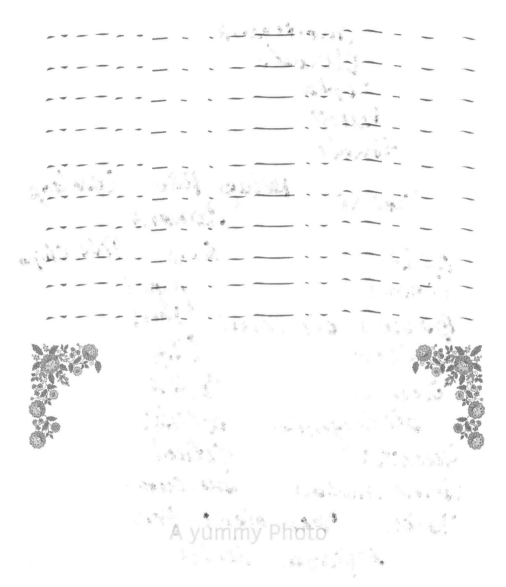

A yummy Photo

Recipe for

SERVES ___ mantequilla

avocado

PREP TIME ___ feta

queso

TOTAL TIME ___

OVEN TEMP ___ tomate

RATING - - - -

DIFFICULTY - - - -

BEST SERVED WITH - - - -

Cilantro   Pechuga Pollo   Lomo larga

Bonora

Ingredients

NISA   Soya   Pita Chips

limons   papel

Boros de camel   Hens

lo crax   Uva

queso   totilla

detergentes   palentas

puositos   cebsol

came molida   Sour crean

Turky   sour oions Pan

Notes espinaco leche

- - - -

- - - -

- - - -

- - - -

DIRECTIONS

A yummy Photo

Recipe for

SERVES —————— RATING ——————

PREP TIME —————— DIFFICULTY ——————

TOTAL TIME —————— BEST SERVED ——————
WITH

OVEN TEMP ——————

Ingredients

————————————————————

————————————————————

————————————————————

————————————————————

————————————————————

————————————————————

————————————————————

————————————————————

Notes

————————————————————

————————————————————

————————————————————

————————————————————

DIRECTIONS

A yummy Photo

Recipe for

SERVES ....   RATING ....

PREP TIME ....   DIFFICULTY ....

TOTAL TIME ....   BEST SERVED
WITH ....

OVEN TEMP ....

Ingredients

....

....

....

....

....

....

....

....

Notes

....

....

....

....

DIRECTIONS

A yummy Photo

Recipe for

SERVES ....   RATING ....

PREP TIME ....   DIFFICULTY ....

TOTAL TIME ....   BEST SERVED
                                            WITH ....

OVEN TEMP ....

Ingredients

....

....

....

....

....

....

....

....

Notes

....

....

....

....

DIRECTIONS

A yummy Photo

Recipe for

SERVES ———————————   RATING ———————————

PREP TIME ———————————   DIFFICULTY ———————————

TOTAL TIME ———————————   BEST SERVED
WITH ———————————

OVEN TEMP ———————————

Ingredients

———————————————————————
———————————————————————
———————————————————————
———————————————————————
———————————————————————
———————————————————————
———————————————————————
———————————————————————

Notes

———————————————————————
———————————————————————
———————————————————————
———————————————————————

DIRECTIONS

A yummy Photo

Recipe for

SERVES _____   RATING _____

PREP TIME _____   DIFFICULTY _____

TOTAL TIME _____   BEST SERVED
                          WITH _____

OVEN TEMP _____

Ingredients

_____   _____

_____   _____

_____   _____

_____   _____

_____   _____

_____   _____

_____   _____

_____   _____

Notes

_____

_____

_____

_____

DIRECTIONS

A yummy Photo

Recipe for

SERVES _____   RATING _____

PREP TIME _____   DIFFICULTY _____

TOTAL TIME _____   BEST SERVED
WITH _____

OVEN TEMP _____

Ingredients

_____

_____

_____

_____

_____

_____

_____

_____

Notes

_____

_____

_____

_____

DIRECTIONS

A yummy Photo

Made in the USA
Columbia, SC
15 March 2020